0

nul

zéro

10

tien

dix

20

twintig

vingt

30

dertig

trente

40

veertig

quarante

50

vijftig

cinquante

60

zestig

soixante

70

zeventig

soixante-dix

80

tachtig

quatre-vingt

90

negentig

quatre-vingt-dix

100

honderd

cent

1000

duizend

mille

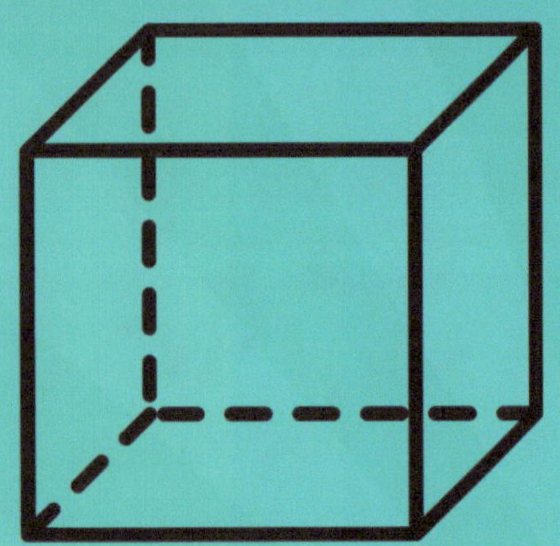

kubus

cube

blok

bloc

ijsblokje

glaçon

karamel

caramel

suiker

sucre

dobbelstenen

dé

geschenkdoos

boite cadeau

kartonnen doos

boîte en carton

bol

sphère

ijsschep

boule de glace

parel

perle

bubbel

bulle

knikkers

billes

planeet

planète

sneeuwbal

boule de neige

tennisbal

balle de tennis

cilinder

cylindre

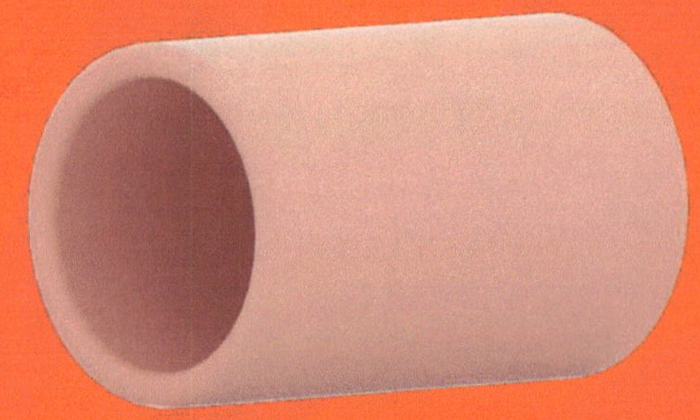

buis

tube

batterijen

piles

draadspoel

bobine de fil

kaneel

cannelle

deegroller

rouleau à pâtisserie

worst

saucisse

hooibaal

botte de foin

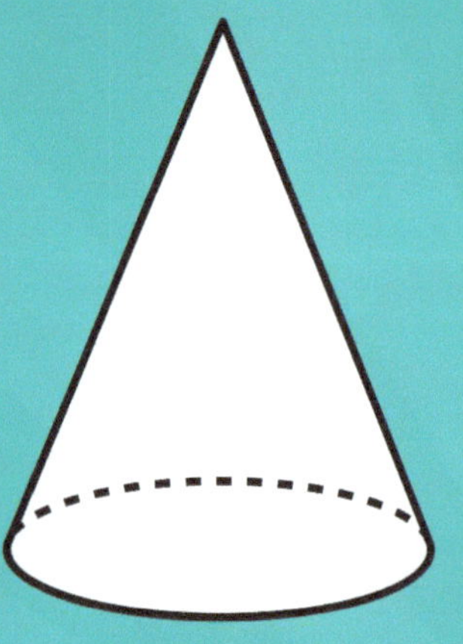

kegel

côné

wegkegel

cône de signalisation

ijshoorntje

cornet à glace

heksenhoed

chapeau de sorcière

kerker

donjon

spar

sapin

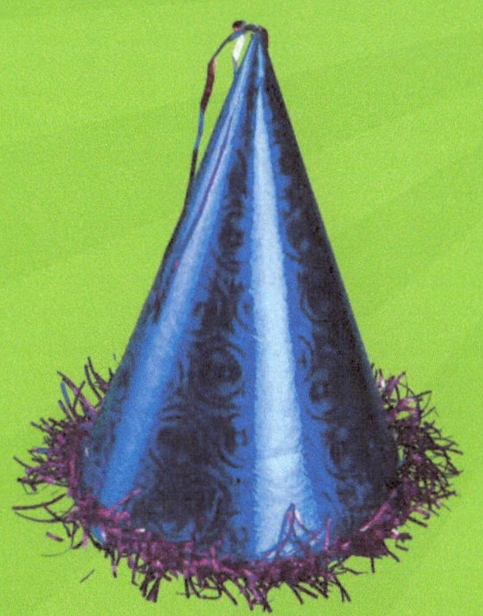

feesthoed

chapeau de fête

slak

escargot

braambes

mûre

bes

groseille

gadelle

clementine

clémentine

durian

durian

drakenfruit

fruit du dragon

pitaya

jackfruit

jacquier

stervrucht

carambole

asperge

asperge

radijs

radis

rode boon

haricot rouge

raap

navet

cassave

manioc

yam

patate douce

kikkererwten

pois chiches

adelaar

aigle

vleermuis

chauve-souris

bever

castor

flamingo

flamant rose

raaf

corbeau

merel

merle

pimpelmees

mésange

ekster

pie

zwaluwvogel

hirondelle

leeuwerik

alouette

parkiet

perruche

specht

pivert

pauw

paon

papegaai

perroquet

toekan

toucan

ooievaar

cigogne

koraal

corail

zeeanemoon

anémone de mer

zee-egel

oursin

zeepaardje

hippocampe

clownvis

poisson-clown

goudvis

poisson rouge

krab

crabe

heremietkreeft

bernard-l'ermite

dolfijn

dauphin

narwal

narval

octopus

pieuvre

inktvis

calamar

walvishaai

requin-baleine

orka

orque

blauwe vinvis

baleine bleue

witte dolfijn

béluga

hamerhaai

requin-marteau

witte haai

requin blanc

citroenhaai

requin citron

tijgerhaai

requin tigre

sprinkhaan

sauterelle

rups

chenille

schorpioen

scorpion

hagedis

lézard

dinosaurussen

dinosaures

zwart haar

cheveux noirs

rood haar

cheveux roux

bruin haar

cheveux bruns

blond haar

cheveux blonds

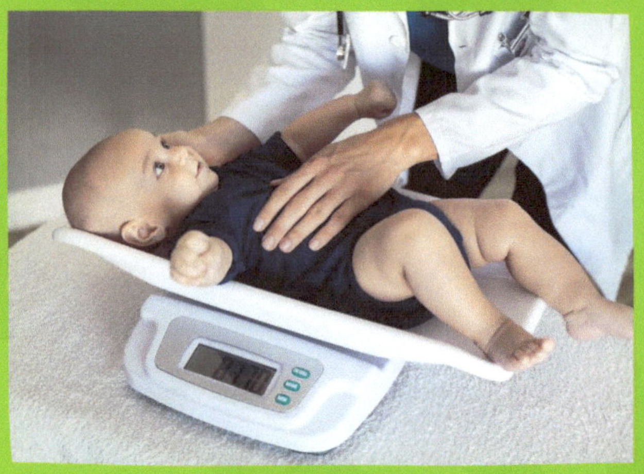

weegschaal

balance

ziekenhuis

hôpital

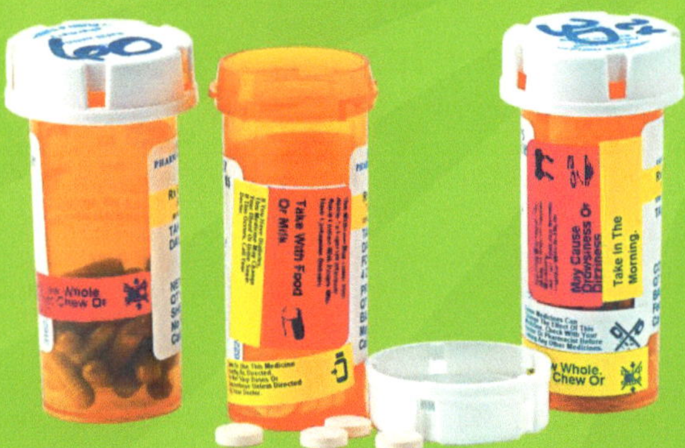

medicijn

médicament

thermometer

thermomètre

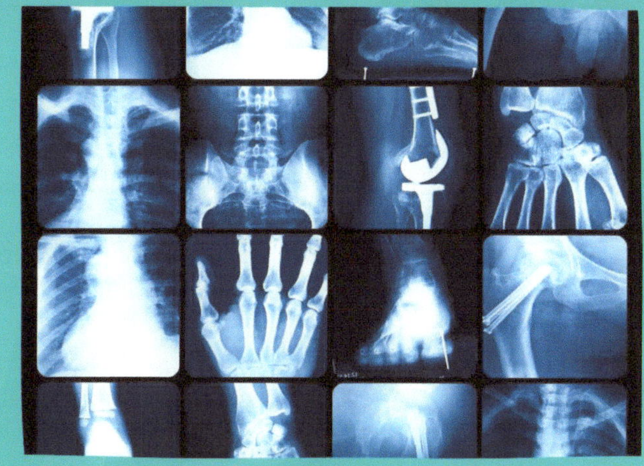

verband

pansement

röntgenfoto

radiographie

dokter

docteur

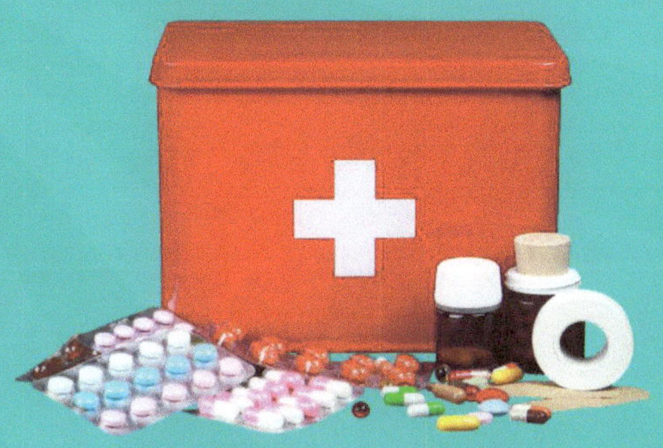

EHBO-kit

trousse de secours

spelen

jouer

tekenen

dessiner

tellen

compter

schrijven

écrire

dansen

danse

zwemmen

natation

skiën

ski

basketbal

basket-ball

tennis

tennis

tafeltennis

ping pong

voetbal

🇫🇷 football

🇨🇦 soccer

paardrijden

équitation

ijshockey

hockey sur glace

judo

judo

boksen

boxe

hardlopen

course à pied

honkbal

baseball

cricket

cricket

rugby

rugby

volleybal

volley-ball

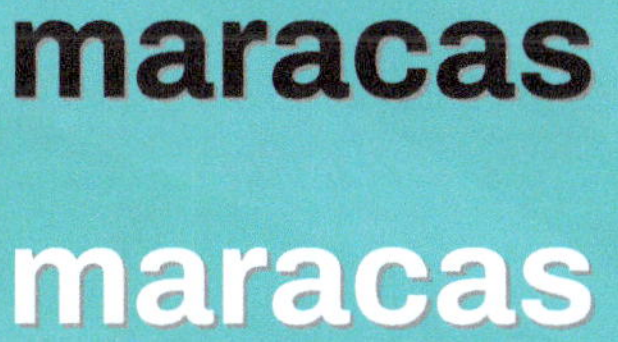

maracas

maracas

tamboerijn

tambourin

xylofoon

xylophone

viool

violon

piano

piano

gitaar

guitare

cello

violoncelle

harp

harpe

trommel

tambour

djembé

djembé

drumstel

batterie

trompet

trompette

hoorn

cor d'harmonie

saxofoon

saxophone

fluit

flûte

koptelefoon

casque

zingen

chanter

bladmuziek

partition

microfoon

micro

www.ingramcontent.com/pod-product-compliance
Lightning Source LLC
LaVergne TN
LVHW071212160826
845679LV00003B/804

9791041707829